AF370250

1 Mars 1907

marqué P

VENTE
Du Vendredi 1er Mars 1907

HOTEL DROUOT, SALLE N° 11

à 2 heures

OBJETS D'ART

ET

D'AMEUBLEMENT

PROVENANT DE M. STETTINER

COMMISSAIRE-PRISEUR

Mᵉ PAUL CHEVALLIER

EXPERTS

MM. MANNHEIM

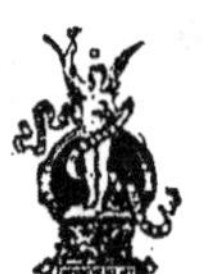

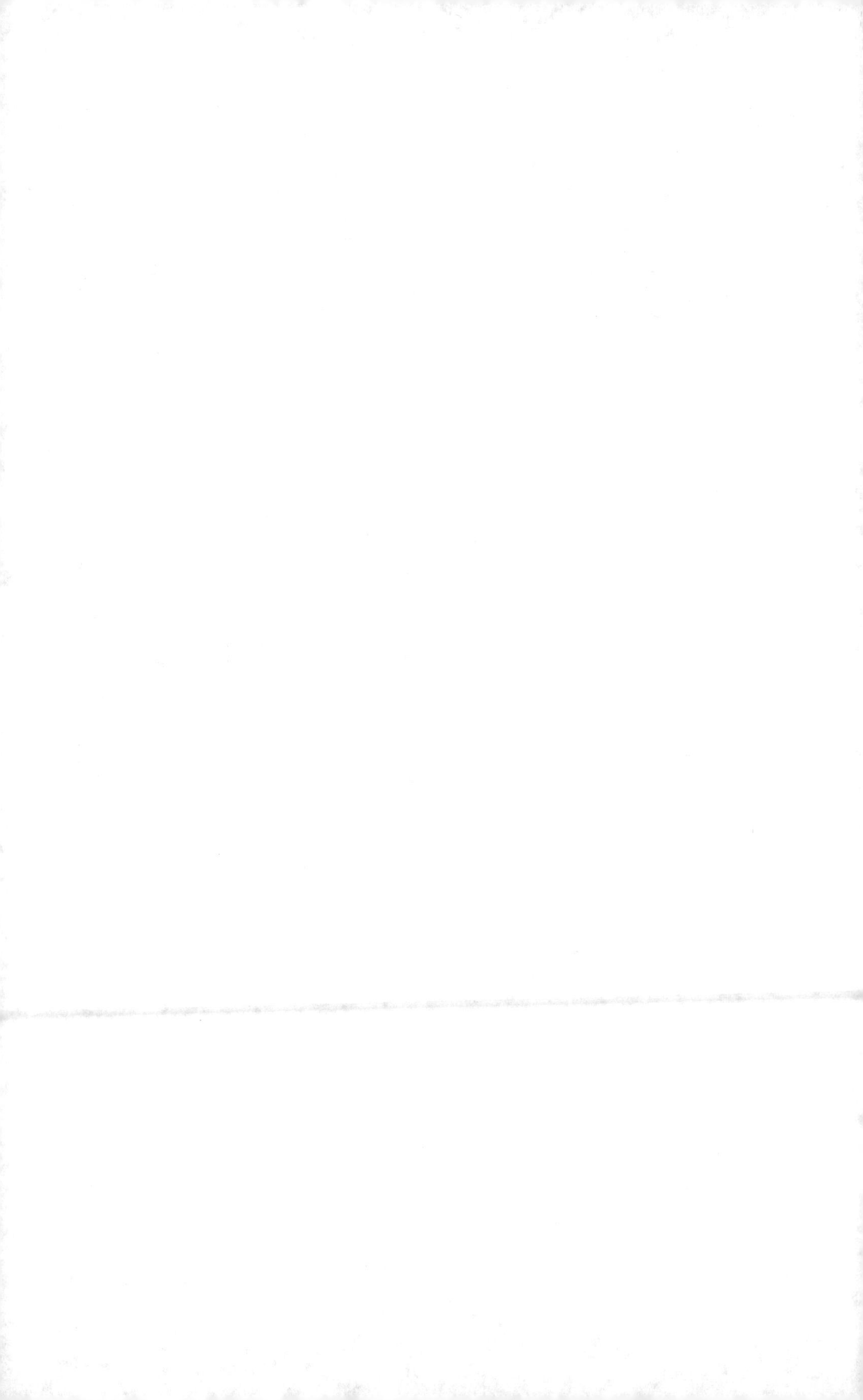

CATALOGUE

DES

OBJETS D'ART

ET D'AMEUBLEMENT

PORCELAINES ET FAIENCES

OBJETS VARIÉS — BRONZES

MEUBLES — TAPISSERIE

Dont la vente aura lieu

HOTEL DROUOT, SALLE N° 11

LE VENDREDI 1er MARS 1907

A DEUX HEURES

COMMISSAIRE-PRISEUR	EXPERTS
Me PAUL CHEVALLIER	MM. MANNHEIM
10, rue de la Grange-Batelière, 10	7, rue Saint-Georges, 7

EXPOSITION PUBLIQUE

Le Jeudi 28 Février 1907, de 1 h 1/2 à 5 h. 1/2

CONDITIONS DE LA VENTE

Elle sera faite *au comptant*.

Les adjudicataires paieront *dix pour cent* en sus des enchères.

Imprimerie de l'Art, Ch. Berger et Cⁱᵉ, 41, rue de la Victoire.— Paris.

DÉSIGNATION

PORCELAINES ET FAIENCES

1 — Chien assis en porcelaine.

2 — Oiseau et cygne en porcelaine.

3 — Petit groupe : Enfants musiciens en porcelaine.

4 — Figurine de jeune garçon auprès d'une corbeille de raisins. Porcelaine de Saxe.

5 — Deux figurines : Flûtiste et Vielleuse. Porcelaine de Saxe.

6 — Groupe en porcelaine : la Toilette de Diane.

7 — Groupe en porcelaine : le Char de Vénus.

8 — Groupe en porcelaine : la Toilette de Vénus.

9 — Groupe en porcelaine : sujet pastoral.

10 — Deux potiches avec couvercles en porcelaine : paysages et fleurs.

11 — Brûle-parfum en céramique de Satzuma.

150   12 — Petite pendule en ancien biscuit : enfant et oiseau.

13 — Pot en porcelaine de Chine, décoré de personnages.

14 — Flacon à thé en ancienne porcelaine de Chine, décoré de monogrammes.

15 — Pot à crème : fleurs. Ancienne porcelaine tendre de Sèvres.

300   16 — Petit vase pot-pourri, placé sur une corbeille de fruits, en ancienne porcelaine tendre blanche française.

17 — Six tasses avec soucoupes : fleurs en couleurs et dorure. Ancienne porcelaine de Paris.

18 — Chimère, décor bleu, en ancienne faïence de Nevers.

19 — Plat en ancienne faïence hispano-mauresque : motifs irréguliers, à reflets.

20 — Plat creux en ancienne faïence de Manissès : fleurs.

21 — Quatre petits plats, même faïence.

22 — Deux écuelles en ancienne faïence hispano-mauresque, à reflets métalliques.

23 — Deux oiseaux en porcelaine allemande.

24 — Théière avec couvercle, décor de fleurs. Ancienne porcelaine d'Allemagne.

25 — Plaque ovale : l'Ascension, décor bleu. Ancienne faïence de Delft.

26 — Deux vases en porcelaine de Chine, à réserves ; montures en bronze.

27 — Cinq fourneaux de pipes en porcelaines variées.

28 — Pipe en bois sculpté, montée en argent. xviiie siècle.

29 — Boîte en bois sculpté, présentant trois têtes variées.

30 — Trois pipes en écume : tête d'Arabe, buste de femme, etc., etc.

OBJETS VARIÉS

31 — Statuette en ivoire du Japon : Marchand de poissons.

32 — Autre : Chasseur au faucon.

33 — Autre : Jardinier.

34 — Autre : Fumeur.

35 — Deux presse-papiers en ivoire du Japon.

36 — Boîte en lapis, montée cuivre.

37 — Boîte ronde en écaille blonde, galonnée or. Époque Louis XVI.

38 — Boîte ronde en écaille blonde, galonnée d'or, décorée d'une miniature en grisaille : Têtes d'enfants de profil. Commencement du xixe siècle.

39 — Petit cadran solaire en argent. Signé : *Langlois à Paris.* xviiie siècle.

40 — Petit vase en verre blanc, époque Empire, avec collerette en bronze.

41 — Paire de ciseaux en acier Louis XVI.

42 — Deux statuettes d'enfants assis, grandeur nature, en terre cuite.

43 — Bas-relief en terre cuite : le Rêve.

44 — Petit groupe en terre cuite : Enfants et chien.

45 — Deux petites peintures sur émail : l'Adoration des Mages, du xviie siècle, et Jeux d'enfants.

46 — Saucière avec plateau en argent. Commencement du xixe siècle.

47 — Gobelet en argent gravé : personnages et rinceaux.

48 — Aiguière et plateau en bronze doré. Commencement du xixe siècle.

49 — Cartel porte-montre à rocailles en plomb peint et doré, du xviiie siècle.

50 — Cadran solaire en argent gravé. Ancien travail d'Augsbourg.

51 — Boîte en argent, personnages sur le couvercle.

52 — Trois petites coupes variées en argent.

53 — Porte-plume en ivoire. Etui en galuchat.

54 — Plateau décoré au vernis. Bordure en métal ajouré.

55 — Deux plaques, émail peint : Portrait d'Henri III et sujet mythologique.

56 — Buste de femme en terre cuite. Signé : *Deloye*.

57 — Buste, d'après Houdon : Portrait de de Larive. Surmoulé.

58 — Volume : Contes de La Fontaine, Paris, 1795, tome second, avec gravures.

59 — Éventail en nacre, feuille à sujet galant.

60 — Petit triptyque en ivoire, à personnages.

61 — Figurine en ivoire : Chevalier en armure.

62 — Bague en or, chaton décoré d'une miniature.

63 — Miniature : Portrait de femme en buste, en corsage gris. Époque Empire.

64 — Bijou-pendeloque forme cœur, argent et roses.

65 — Collier, orné d'un Saint-Esprit, argent et strass.

66 — Deux pendants d'oreilles, strass ; montés argent.

67 — Croix normande en argent et strass.

68 à 70 — Lot de dentelles. (Sera divisé.)

BRONZES

71 — Deux porte-fleurs en bronze du Japon.

72 — Deux perdrix en émail cloisonné de la Chine.

73 — Brûle-parfum en émail cloisonné de la Chine.

74 — Vase en émail cloisonné du Japon.

75 — Deux vases en émail cloisonné du Japon.

76 — Seau avec déversoir en bronze gravé de la Perse.

77 — Deux chenets en bronze : lions couchés. Commencement du XIXe siècle.

78 — Deux supports en bronze à rocailles.

79 — Deux bras-appliques, à deux lumières, en bronze Louis XV, à rocailles.

80 — Deux flambeaux en bronze à rocailles.

81 — Lampe de style antique, en bronze.

82 — Groupe en bronze, par Jaquet : Femme et enfant : *Dors mon enfant, nous sommes libres.*

83 — Grand bas-relief en bronze : le Char d'Amphitrite.

84 — Plaquette en bronze : la Flagellation. Travail italien.

85 — Deux médaillons et dix médailles en bronze.

86 — Quatre cuillers en bronze de diverses époques.

87 — Statuette en bronze : Guerrier combattant; à ses pieds, des armes et des têtes d'Orientaux. Base en marbre portor.

88 — Pendule en bronze doré, ornée d'une statuette de Henri IV. Commencement du XIXe siècle.

89 — Lot d'objets antiques en bronze, etc.

MEUBLES, TAPISSERIE

90 — Petit cabinet en bois incrusté de bois et d'os : oiseaux et fleurs. XVIIe siècle.

91 — Cabinet en bois noir, orné d'incrustations d'os gravé : cavaliers, rinceaux, etc. Il ouvre à deux portes et renferme de nombreux tiroirs. Italie, fin du XVIe siècle. Table-support en bois noir.

92 — Console de forme contournée, à quatre pieds, en bois sculpté, peint et doré, à décor de mascarons, guirlandes et bouquets ; dessus en bois. Espagne, XVIIe siècle.

93 — Régulateur de style Louis XV, garni en bois de rose et marqueterie, orné de bronzes.

94 — Meuble à hauteur d'appui, Louis XIV, en bois de violette, à deux portes vitrées ; dessus de marbre.

95 — Console en bois sculpté et doré, à rocailles, sur deux pieds contournés. Epoque Louis XV. Dessus de marbre.

96 — Commode à deux rangs de tiroirs, en marqueterie de bois de couleurs à fleurs et motifs Louis XV, garnie de bronzes; dessus de marbre gris.

97 — Glace Louis XVI, en largeur, dans un cadre en bois sculpté, à moulures, avec rosace au fronton.

98 — Table carrée Louis XVI en marqueterie de bois de couleurs, à deux tiroirs; dessus de marbre gris.

99 — Petite armoire Louis XV en marqueterie de bois de couleurs, à fleurs; dessus de marbre brèche d'Alep.

100 — Meuble à hauteur d'appui, à deux portes et un tiroir, en acajou Louis XVI garni de bronzes; dessus de marbre blanc.

101 — Console Louis XVI en bois sculpté et peint blanc, à décor de grecques; dessus de marbre.

102 — Console Louis XVI, à quatre pieds, en bois sculpté et peint gris, à rosaces et entrelacs; dessus de marbre.

103 — Console Louis XVI en fer ajouré, à décor de grecques; dessus de marbre.

104 — Table, à trois tiroirs, Louis XVI, en acajou, pieds carrés; dessus de marbre brèche d'Alep.

105 — Console Louis XVI en bois sculpté, peint et doré, à cannelures et draperies; dessus de marbre brocatelle.

155 106 — Console Louis XVI en bois sculpté et doré, à guirlandes de fleurs et sur deux pieds à traverse; dessus de
marbre ranz.

500 107 — Table ovale anglaise en marqueterie de bois de couleurs, tablette d'entrejambes; dessus de marbre blanc,
galerie de cuivre.

108 — Table rectangulaire, à un tiroir, en bois de placage,
sur quatre pieds carrés.

109 — Table-coiffeuse Louis XV en marqueterie de bois de
couleurs, à fleurs et instruments de musique.

110 — Deux supports-appliques en bois sculpté, à rocailles.

111 — Table à ouvrage en bois de violette.

112 — Table-tricoteuse en acajou.

113 — Petite table Louis XVI en bois sculpté, décorée d'une
frise de postes; dessus de marbre blanc.

114 — Deux grands supports en bois sculpté et doré, à
volutes Louis XVI; dessus de marbre ranz.

115 — Console demi-lune Louis XVI en merisier, avec
tablette d'entrejambes; dessus de marbre.

116 — Table à jeu Louis XVI, à pieds cannelés.

117 — Petite table en bois de rose et pieds carrés; tablette
et tiroir.

118 — Petite table octogone en acajou, à un tiroir.

119 — Petite psyché en bois, à filets de cuivre.

120 — Table à un tiroir en marqueterie de bois de couleurs, à dessin d'instruments de musique.

121 — Deux sièges à X en acajou, couverts de velours rouge.

122 — Table Louis XV en marqueterie de bois de couleurs, à fleurs.

123 — Petite table à un tiroir et deux portes en bois de placage et bronzes; dessus de marbre brèche d'Alep.

124 — Tapisserie d'Aubusson du XVIIIe siècle, verdure avec habitations; bordure de fleurs.

Haut., 2 m. 35 cent.; larg., 2 m. 90 cent.

125 — Quatre rideaux et deux lambrequins en soie jaune brodée à fleurs.

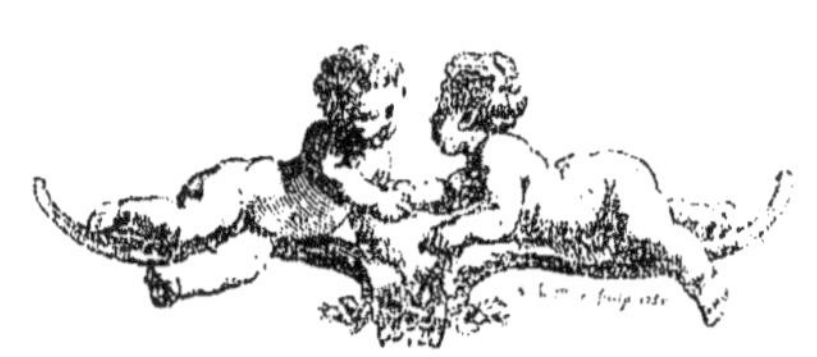

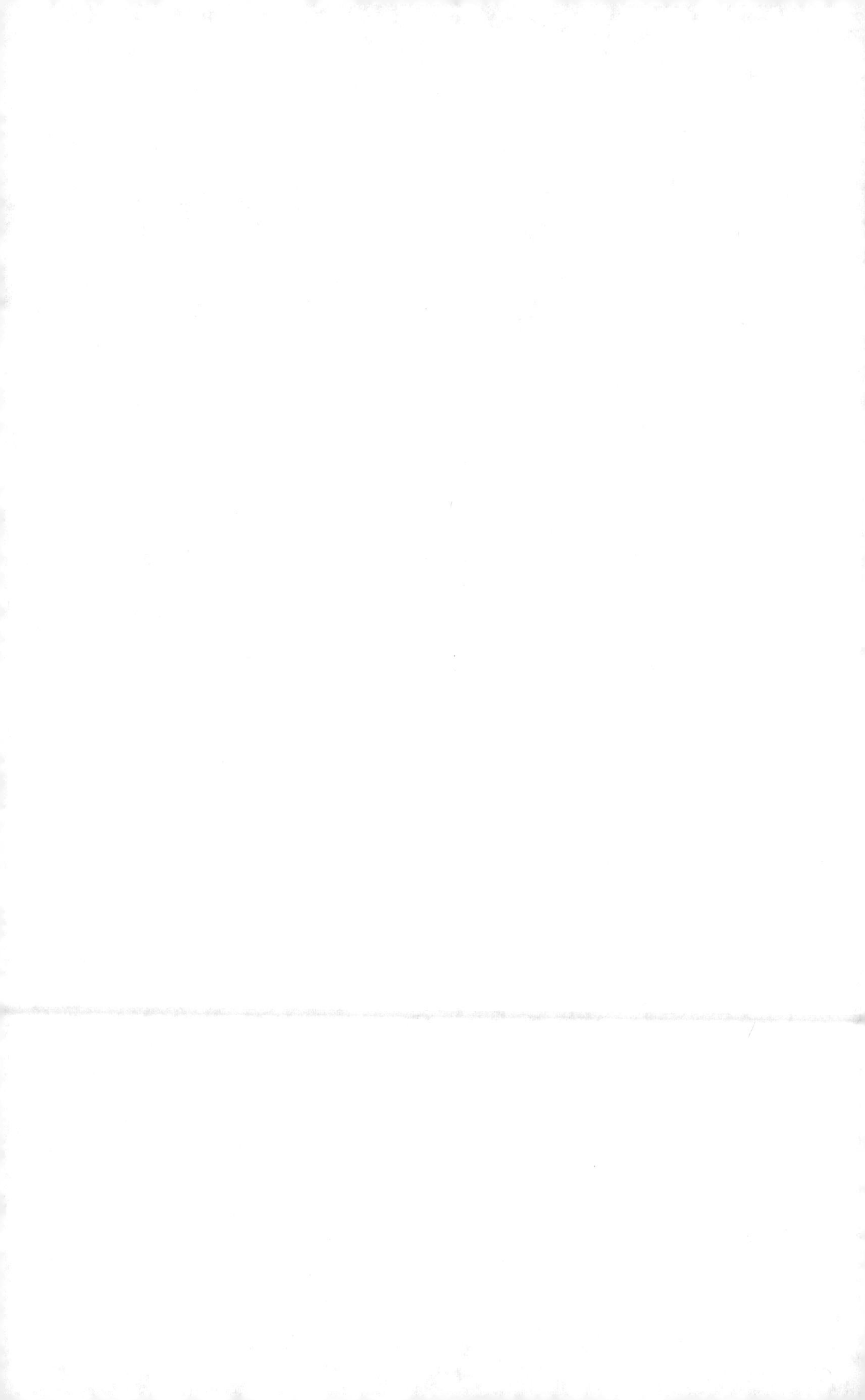

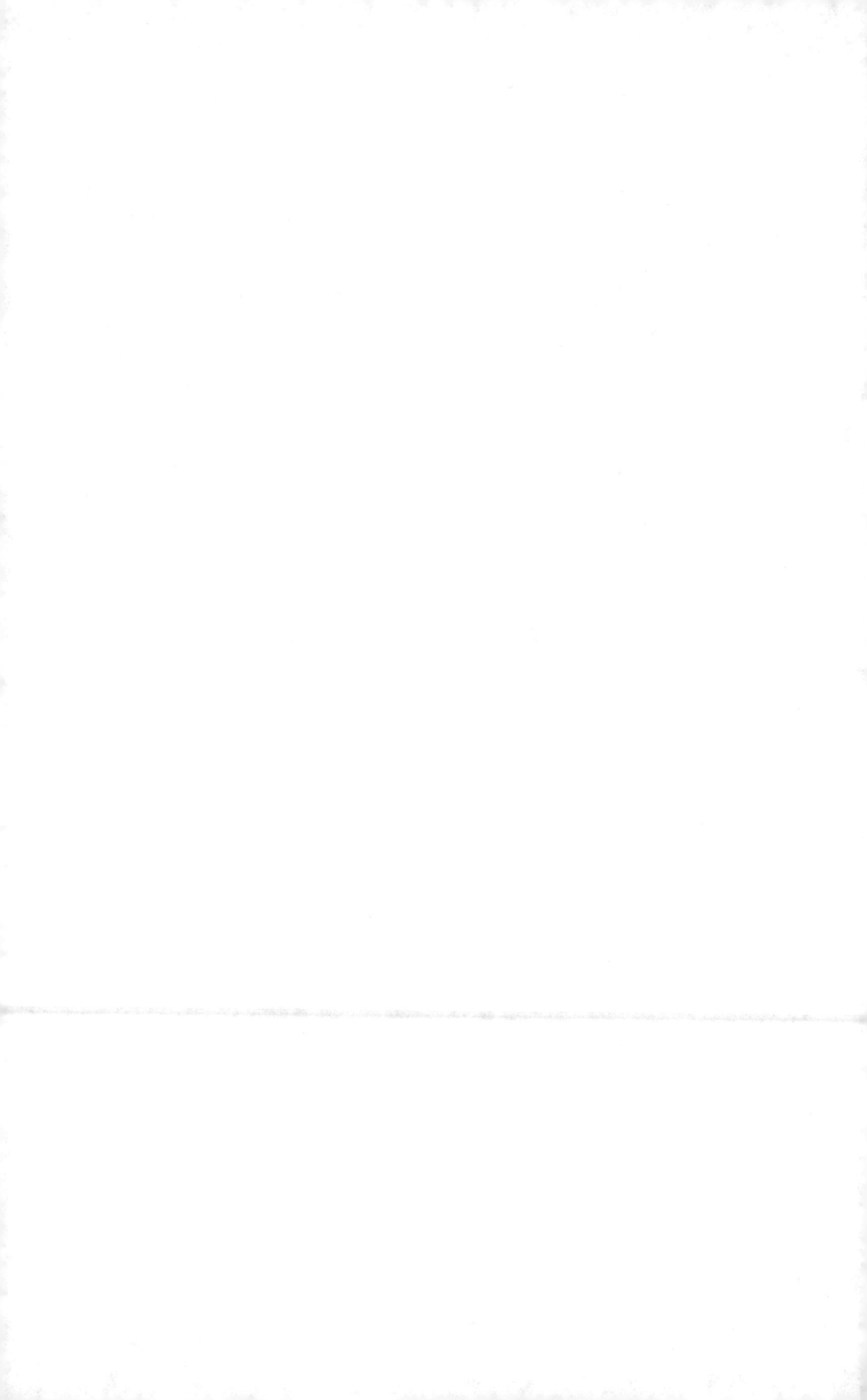